超级疯狂阅读系列

寻觅纵横四海的
海盗足迹

知识出版社

前言

凡是懦夫躲避的，我们反而热烈地寻找；那使衰弱的人晕厥的，我们反而感到——感到在我们鼓胀的胸中最深的地方，它的希望在苏醒，它的精灵在翱翔。

——拜　伦

上帝创造了人类，同时也将不安分的因子植入了某些人的头脑中，这些人就是海盗。他们在骨子里的不安分基因的搅动下，挣脱了陆地上的生活，只身来到波涛汹涌的海面上，寻找自己建功立业的机会。

在他们的眼中，惊涛骇浪是他们驰骋天下的乐园，而隆隆的炮火声则是他们出征的号角；他们在飓

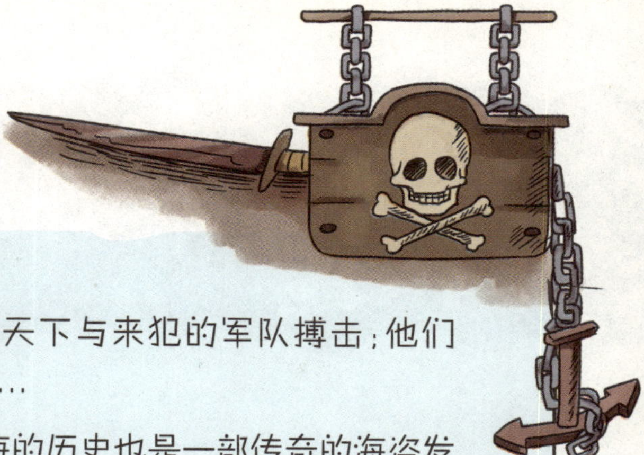

风汹涌中与天地斗争，在浊浪滔天下与来犯的军队搏击；他们追逐财富，也追逐梦想和自由……

可以说，人类开发和探索大海的历史也是一部传奇的海盗发展史。在他们探索和追逐财富的过程中，又涌现了多少传奇的海盗，他们的人生经历和冒险经历又有着怎样的传奇性呢？光阴荏苒，海盗的故事不会随时光流逝而褪色，反而更激发了人们探索和追寻的兴趣。

本书的宗旨是为求知欲强烈的青少年介绍海盗的发展历史和传奇经历，本书以精美的版式和有趣的图画来激发读者的阅读欲望，相信搞笑的对话定能让你在阅读之余收获更多的乐趣。

编者

2014 年 6 月

目录

加勒比海盗

印度洋海盗

目录

北欧海盗

阿拉伯海盗

加勒比海盗

德雷克为什么被誉为“海上魔王”

德雷克出生在英国德文郡的一个贫苦农民家庭。他一开始仅仅是个学徒，然后成为一名水手，最后成长为一艘商船的船长。就是这样一个人，竟然成为了英国海盗史上最伟大的船长，后人都敬畏地称他为“海上魔王”。

海盗档案

弗朗西斯·德雷克（1540—1596年）

目的：为英国争夺海上霸权

称号：海上魔王

归宿：英格兰勋爵

成就：大英帝国接替西班牙成为海上霸主

疯狂的时代背景

时间：16世纪

西班牙：早在15世纪，伟大的航海家哥伦布就发现了美洲大陆。后来麦哲伦又完成了环球航行，西班牙对海洋的认识远远超过了其他的欧洲国家，并率先进入美洲。1519年西班牙人找到了传说中的黄金之国，彻底控制了南美大陆，占领了秘鲁的金矿，封锁了航路，严禁一切他国船只来往，太平洋一时间变成

了西班牙的私海。

英国：开始过渡到生产力急速发展的资本主义时期，但还不是什么航海大国，对西班牙的做法，虽然有非常大的怨气，但也是敢怒不敢言，只得通过奴隶贸易捞一些油水。

探险家德雷克的简历

相关经历：

1568年：德雷克和他的表兄霍金斯带领五艘贩奴船前往墨西哥。他们在途中遭受了风暴袭击，船只受到严重损坏。当时的西班牙总督同意他们进港修理，但几天后却突然下命令对他们进行攻击。除了德雷克和霍金斯逃出来了，其他的英国船员都被处死了。德雷克非常郁闷。从此，他心里埋下了一颗仇恨的种子，他发誓一定要在有生之年向西班牙复仇。

1572年：德雷克召集了一批人乘坐小船偷偷横渡大西洋，横穿了美洲大陆。他们在南美丛林里蹲守了将近一个月，抢劫了运送黄金的骡队和几艘西班牙大帆船。其实他的这次行动最大的意义并不在于获得了黄金，而在于他证明了西班牙人并不是不可侵犯的，而且很快得到了女王的信任。

1577年：德雷克带领5艘船离开了英国，其目的是到南美西岸去袭击西班牙的珠宝船，西班牙人做梦也想不到，竟然有人敢袭击自己的船队。但就在他们派出军舰追击时，德雷克早已逃之夭夭了。

取得的成就：

德雷克抢劫了西班牙的很多商船，带回了数吨的黄金白银，让女王的腰包变得鼓鼓的；

德雷克为英国开辟了一条新的航路，大大促进了英国航海业的发展；

德雷克发现了宽阔的德雷克海峡，从此以后，太平洋再也不是西班牙的私海了。

考考你：为何说环球航行是歪打正着的？

真相大白

因为西班牙的封锁，德雷克的船队被风向南吹了5°。就这样，他稀里糊涂地到达了马里亚纳群岛，最后回到了普次茅斯港。他是世界上第一个自始至终指挥航球环行的船长。

发现德雷克海峡

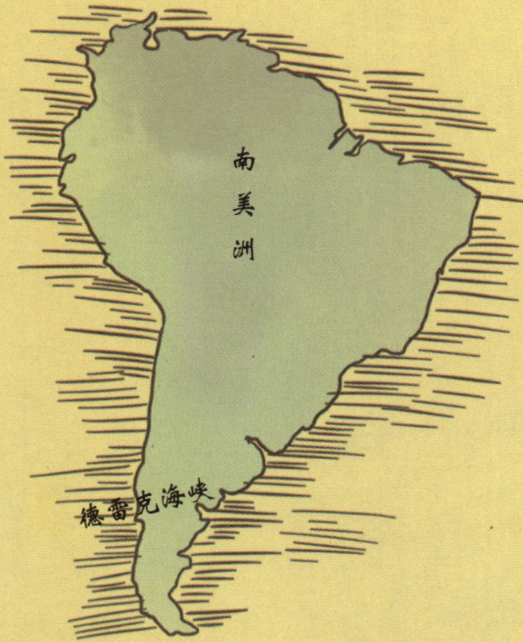

德雷克发现南美洲智利合恩角与南极洲的南设得兰群岛之间有一个海峡，它连接着大西洋和太平洋，这就是德雷克海峡。虽然德雷克发现了它，但是他并没有从这里通过，而是选择了比较平静的麦哲伦海峡。

考考你："我们的海盗"指的是谁？

真相大白

德雷克返回英国后，不仅没有被处以绞刑，反而被当成了英雄。他甚至得到了伊丽莎白女王的接见。女王最喜欢听他的冒险故事，还亲切地称他为"我们的海盗"。

海战专家德雷克的英雄事迹

名称："外科手术式的清洗"

时间：1587年

事迹：西班牙对英宣战，不过当时英国的海军还非常弱小，根本没有办法跟西葡联盟作战。就在这个危急的时刻，德雷克站了出来，他带领着25只海盗船沿着西班牙的海岸，开始“外科手术式的清洗”，他们击沉了36艘西班牙补给舰，接着又攻占了圣维森特角要塞，紧紧地扼住了地中海的咽喉。

成就：这一系列的行动，使得西班牙跟英国的战争延后了一年，从而为英国争取了宝贵的时间。

名称：“纵队战术”

时间：1588年

事迹：英国舰队借着顺风，采取“纵队战术”，德雷克让舰船首尾相接地排列，用舷炮进行轰击。西班牙舰队阵脚大乱，无法保持队形，英舰趁机进行攻击。结果西班牙损失了近一半的船只，死伤1400人，英军则一船未沉且死伤不足百人。

成就：从那以后，西班牙一蹶不振，英国逐渐取代其成为海上霸主，而德雷克则被封为英格兰勋爵，登上海盗史上的最高峰，被大家誉为“海上魔王”。

考考你：何谓“德雷克的鼓”？

真相大白

英国文化中有一首民谣叫作“德雷克的鼓”(Drake's drum)。大意是说，如果英国蒙难，只要德雷克的鼓又响了，他就一定会回来为英国解难。

爱德华·蒂奇
为什么能让人们望风而逃

提起爱德华·蒂奇，人们都知道那是大名鼎鼎的海盗黑胡子。就在英国政府试图取缔海盗的时候，他却发展成为难以制服的第一海盗。

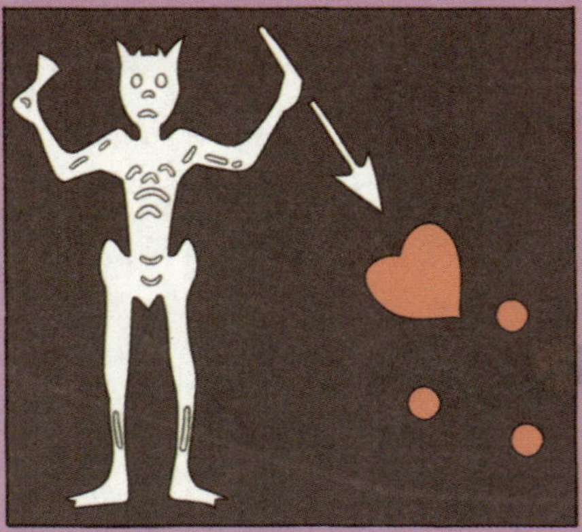

打破砂锅问到底

为什么爱德华·蒂奇会成为海盗呢？为什么他敢抢劫英国海军的船只呢？为什么人们一听到他的名字就望风而逃呢？

爱德华·蒂奇素描

一双深陷的、充满野性的眼睛；

一脸浓密而又极具个性的大络腮胡子，不时用带子扎成很多向各个方向乱窜的小辫儿；

一条腿由一根木头代替，一年四季穿鹿皮靴；

精力充沛、食欲极佳，整天酒气熏天；

宽阔的肩膀上总是披着佩带，佩带上固定好几把装满子弹的手枪。

看我长得吓人不？

英西战争描摹

1713年，“英西海战”结束，西班牙战败，英西签订了《乌特勒支条约》。英国获得了贩卖奴隶的垄断权，而“三角贸易”随之兴起。在这样的贸易氛围中，原来的武装民船得到更先进的装备，很多水手开始成为职业海盗。黑胡子爱德华·蒂奇就是在这种环境下开始了他惊心动魄的海盗生涯。

锦上添花

三角贸易

“三角贸易”就是以贩卖奴隶为中心的国际贸易。当时很多的英国商人从利物浦、布里斯托尔和伦敦等地把玻璃、陶瓷器皿、各种装饰品、杜松子酒、枪支弹药以及铜锡器物等等，用船运往非洲并在那里换得黑奴；然后将黑奴运往西印度和南美洲殖民地的种植园，卖给种植园主，再买进殖民地的糖、烟草等返回英国。

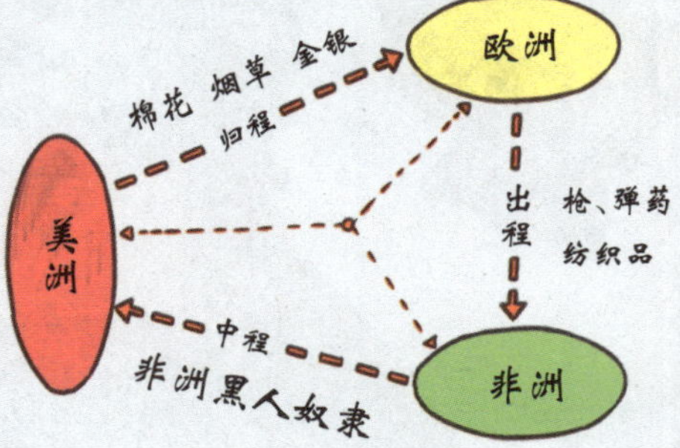

怪物出世

得到大船

1716年是爱德华·蒂奇“事业”的转折点，他开始跟着著名的霍尼戈尔德船长当海盗，这一干就是两年。在这两年的时间里，爱德华·蒂奇忠心耿耿，得到了霍尼戈尔德船

长的赏识。一次，霍尼戈尔德船长成功地抢掠了一艘从非洲到美洲贩卖奴隶和运送珠宝的大商船，他把这艘船作为奖赏送给了爱德华·蒂奇。

打劫英国商船

爱德华·蒂奇在接过这艘战斗力非常强大的商船之后，将其命名为“复仇女王”号。当时的海盗们都是打着为女王陛下服务的旗号，因此他们在抢劫的时候都会避开英国海军，不过爱德华·蒂奇可管不了那么多。他第一次单打独斗就直奔东海岸的英国海防处，在军港的港口，明目张胆地抢劫了英国商船“爱伦”号。

名震天下

停泊在港内的英国海军看到竟然有海盗在光天化日之下攻击英国的商船，都非常吃惊。还没等他们反应过来，爱德华·蒂奇的船只又全速前进，拦腰撞在了英国战舰上。这种自杀性的亡命徒做法简直把英国的皇家海军吓得目瞪口呆，

考考你：黑胡子曾经陷入过三角恋吗？

真相大白

爱德华·蒂奇曾经爱上了一个水手的女友。后来，这个邪恶的人看到女孩送给水手一枚戒指，他砍掉了那个水手的手，并送给了女孩，那女孩顿时昏了过去。

一时竟然手足无措。而爱德华·蒂奇的手下则趁机举枪向甲板上疯狂射击，打伤打死英国官兵无数，爱德华·蒂奇从此威震天下。整个大西洋沿岸来往船只只要听到他的名字都闻风丧胆。

凶残的怪物

考考你： 你知道爱德华残忍的一面吗？

真相大白

爱德华·蒂奇有一个特殊的嗜好。他每劫获一艘船都要将船上的人捆住双手、蒙上眼睛，用剑逼着他们从船舷上跳到海里，直到杀光最后一个人。

考考你：黑胡子到底有多狠毒？

真相大白

据说，黑胡子曾拔枪在桌子底下怒射，击碎了大副伊斯雷尔·汉兹的膝盖，使他终生残疾。而黑胡子的目的仅仅是为了震慑手下，确保他们绝对听命于自己。

怪物的终结

1719年，在奥克拉科克岛的入海口，怪物爱德华·蒂奇被英国海军发现，在双方交火时被击毙。

但是关于爱德华·蒂奇的传说并没有终止：

传说一：爱德华·蒂奇有14个老婆。

传说二：爱德华·蒂奇的全部财宝就只有棉布、紫水晶、可可豆和糖。

传说三：爱德华·蒂奇将他全部的财宝藏在了灰鼻岛海域。

传说四：爱德华·蒂奇的头被砍下来后，围绕“冒险”号游了很多圈，直到永远地消失在大海的深处。

为什么说海盗罗伯茨是另类的海盗

如果要给海盗颁发一个“最有成就奖”的话，那么这个得奖者肯定不会是基德，虽然他有名，但却没什么真本事；这个人也肯定不会是黑胡子，虽然他勇猛，却是一介莽夫；这个人也肯定不会是德雷克，虽然他算得上是一个全才，却是一个为女王服务的“官派海盗”。所以，这个人只能是罗伯茨船长，因为他是海盗黄金时代中最后的辉煌。

海盗日记

巴沙洛缪·罗伯茨（1682—1722年）

活动区域：加勒比海、几内亚海。

怪癖：喜欢穿华丽的黑色礼服，并满身佩戴珠宝，不喝酒而爱喝茶，言语文雅。

称号：黑色准男爵。

下场：一块弹片炸开了他的喉咙。

打破砂锅问到底

罗伯茨是一个另类的海盗，无论是他加入海盗之时，还是之后的所作所为，都跟一般海盗大相径庭。那他的另类之处到底体现在哪儿呢？我们一起来看看：

海盗船长绝密档案

罗伯茨船长档案：
出生日期：1682年
出 生 地：英国威尔士
职　　业：海盗
职业信仰：反正偷一先令也要上绞架，为什么不偷更大的财富呢！短暂的人生也是快乐的人生。

考考你：罗伯茨的特殊之处在哪里？

真相大白

罗伯茨与别的海盗有很大的不同。他喜欢穿五件套的华丽服装，在船上配备乐师，还喜欢虐杀俘虏。相比于饮酒，罗伯茨更喜欢喝茶。此外，他虔诚地笃信基督教。

另类格言：

在这个年代，在规规矩矩的劳动中，工作劳累、工资微薄。而做海盗则可以丰衣足食，获得舒适、快乐、自由和权力，为什么不干呢？豁出去，最坏的结果也不过是被绞死时接受人们轻蔑的几瞥罢了。

另类的船规

罗伯茨船规

一、对日常的一切事务每个人都有平等的表决权。

二、偷取同伙财物的人要被遗弃在荒岛上。

三、严禁在船上赌博。

四、晚上 8 点准时熄灯。

五、不许佩带不干净的武器，每个人都要时常擦洗自己的枪和刀。

六、不许携带儿童上船，勾引妇女者处死。

七、临阵逃脱者处死。

八、严禁私斗，但可以在有公证人的情况下决斗；杀害同伴的人要和死者绑在一起扔到海里去。

九、在战斗中残废的人可以不干活留在船上，并从“公共储蓄”里领 800 块西班牙银币。

十、分战利品时，船长和舵手分双份，炮手、厨师、医生和水手长可分 $1\frac{1}{2}$ 份，其他有职人员分 $1\frac{1}{4}$ 份，普通水手每人得 1 份。

有公正人的决斗
才是公正有效的。

考考你：罗伯茨的成功体现在哪里？

真相大白

威尔士海盗巴沙洛缪·罗伯茨被誉为海盗史上最成功的海盗，他一生曾统领过四百多艘船只。

最后的旅程

1719年7月，罗伯茨坐着“皇家流浪汉”号沿着非洲海岸一路南下。9月，罗伯茨抢劫了由42艘葡萄牙商船组成的船队之后，进入了加勒比海，抢劫那些横渡北大西洋的船队。

1720年6月，在特雷巴西港，罗伯茨将停泊在这里的150余艘船只洗劫一空，而且从中挑了一艘最好的快船作为他的新旗舰，起名叫“皇家幸福”。他们刚一出港，又抢劫了六艘法国商船和一大批英国商船。

到了1721年，加勒比海航运完全被破坏了，罗伯茨只好回到非洲。但是很不幸，他在这里遇到了英国皇家军舰“燕子”号。

另类的死亡：

1722年2月10日，在激烈的战斗中，罗伯茨被英国军舰射出的炮弹碎片击中喉咙，结束了他富于传奇色彩的海盗生涯。

疯狂的专家说

18 世纪的海盗虽然干的是杀人放火、拦路抢劫的勾当，但在他们身上同样有坚毅勇敢，甚至是温情人性的一面。他们有自己的善恶标准，同时还劫富济贫。

为什么说安娜·邦尼和玛丽·里德是加勒比海上的海盗姐妹花

1730 年前后，在杰克船长的带领下，有两名女海盗活跃在加勒比海地区。她们就是安娜·邦尼和玛丽·里德，她们也被称为“海盗姐妹花”。

打破砂锅问到底

安娜·邦尼和玛丽·里德为什么会被称为“海盗姐妹花”呢？她们做了什么惊天动地的事情会赢得这样的称号呢？

“两朵姐妹花”

玛丽·里德的简历：

姓名：玛丽·里德

出生：17世纪末出生在英国伦敦

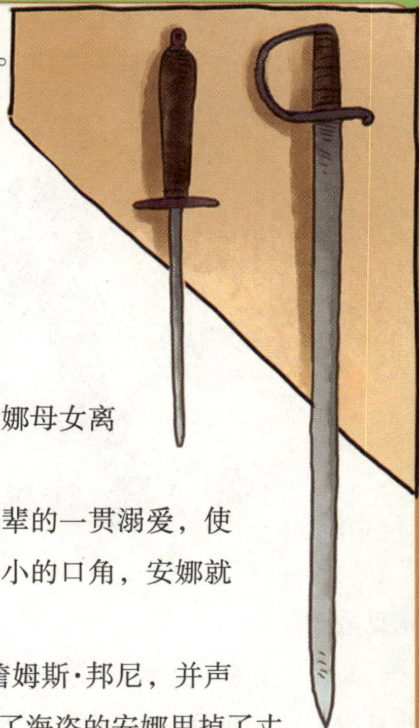

性格：从小女扮男装，一直想当水手或士兵。

爱情：曾经和骑兵团里的战友相爱结婚，但不久丈夫就死了。

安娜·邦尼的简历：

姓名：安娜·邦尼

出生：爱尔兰

家庭：一名律师的私生女，后来父亲带着安娜母女离家出走了。

性格：物质生活的改变、曾经的经历以及长辈的一贯溺爱，使安娜无法无天。13岁时，安娜由于小小的口角，安娜就将餐刀捅进了佣人的肚子。

爱情：16岁那年，安娜看上了一个小海盗詹姆斯·邦尼，并声称非他不嫁，后被父亲赶出家门。当了海盗的安娜甩掉了丈夫詹姆斯，做了杰克的情人。

相见是缘分

新婚丈夫患病去世后，玛丽迫于生计，加入了海盗的队伍。这艘海盗船的船长叫杰克。此时，杰克船长的情人安娜已经在这艘船上了。出于女性的敏感，这两位女性很快就认清了对方的真实性别，以后的日子里她们依旧男装打扮，私下里却以姐妹相称。

考考你：为什么安娜和玛丽要女扮男装呢？

真相大白

那是因为近代欧洲曾有着一整套航海的迷信与禁忌，比如说，将一绺头发投入海中，可以换来顺风；而女人出海大概是东西方共有的最大的航海禁忌了，当时的人们相信女性将给船员们带来厄运。

其实我们是姐妹。

考考你：安娜和玛丽是如何对付敌人的？

真相大白

安娜和玛丽是一对非常英勇的女海盗，她们在船长的海盗旗下英勇杀敌。然而当英军来袭时，船长竟然和他醉酒的船员们躲在船舱中，只留下了两位女性孤军奋战。

绽放加勒比

杰克船长的帆船很小，它只有一根倾斜的桅杆和固定在甲板上的六门大炮。这种海盗船主要的袭击目标不是军舰和大型武装商船，而是那些渔船和小型货船。因为它们轻便灵活，吃水又浅。一旦被强敌追击，它们能够在布满浅滩与暗礁的海域中迅速奔逃，让追剿海盗的大型军舰望洋兴叹，无可奈何。

庭审记录

法官:当时她们是怎么抢劫你们的商船的?

商船船员:她们穿着男人的衬衣和长裤,毛巾裹头;一手持枪,一手挥动着大砍刀率先跳到我们的船上,用最脏的话咒骂吓得发呆的船员们;对于胆敢抵抗的船员,她们挥刀便砍。

法官:当时你们怎么知道她们是女性的呢?

商船船员:她们在杀人之前会得意扬扬地袒露前胸,好让对手明白自己死于女人的刀下。

(正因为安娜和玛丽被俘后留下了少许审判记录,人们才得以在一定程度上了解她们的生活和经历,原本平淡无奇的"威廉"号海盗船才得以名扬后世。

不幸中的万幸

当对安娜·邦尼和玛丽·里德进行最后审判的时候，两位女海盗不约而同地选择翻供，并声称自己怀有身孕。于是法庭派出医生对二人进行检查，证实她们确实怀有身孕。她们因此被暂缓执行死刑。可不幸的玛丽因瘟疫死于监狱中。而安娜的父亲则花重金把她从监狱赎了出去。安娜改嫁后过上了平静的生活，一直活到美利坚合众国成立。

考考你：当时欧洲流行的与死刑有关的信仰是什么？

真相大白

当时的欧洲有一个信仰：富贵者处以死刑必定实行砍头，而罪大恶极的人则实行绞刑，人们深恶痛绝、臭名昭彰的海盗则一律处以绞刑。

加入过海军的海盗是谁

约翰·霍金斯是英国16世纪著名的航海家、海盗和奴隶贩子。除此之外，他还有一个重要的身份——伊丽莎白时代重要的海军将领。霍金斯对英国海军的改革是英国海军战胜西班牙无敌舰队的重要因素之一。

打破砂锅问到底

作为一名海盗，霍金斯应该是政府痛恨至极的人。为什么他能从一名海盗变成一名海军将领呢？这中间又有哪些值得我们探寻的故事呢？

霍金斯档案

出生日期：1532年

出生地：英国西南部德文郡

家庭成员：霍金斯家族是当时英格兰西部沿海上一股声名显赫的海上势力，家族的许多成员都从事海外商业冒险活动。父亲威廉·霍金斯从1530年起就开创了英国与巴西间的海上贸易，成为当时有名的大商人；霍金斯的兄弟曾任普利

茅斯市长，并在迎击西班牙“无敌舰队”的战斗中积极为英国海军提供船只装备；霍金斯的儿子和侄儿先后进行过太平洋远航。

经历：霍金斯自小就在家族的船上经受航海训练。1554年父亲去世之后，霍金斯子承父业，开始从事西班牙和加那利群岛的贸易，积累了一定的财富，并决定从事获利甚丰的奴隶贸易。

三角贸易

1562年10月，霍金斯率领一支船队出海。在加那利群岛的特内里费岛霍金斯带上了一名西班牙人，并命其担任领航员，随后驶向几内亚海岸，在那里捕获了300名黑人。

霍金斯带着这些“活货物”，穿过了大西洋，前往西印度群岛的海地岛，将这些黑人卖给西班牙殖民者。

霍金斯用卖黑人的钱换取当地大量的兽皮、生姜、糖和珠宝。1563年9月，他们满载而归，回到了英国。

无耻的奴隶贸易

霍金斯与英国女王的谈话

英国女王：你做的贩卖黑奴赚钱的贸易，太不道德了！

霍金斯：嘘——你知道我从中赚到了多少吗？我告诉你吧……

英国女王：是这样的啊，那你下次出去的时候也告诉我一声吧！

霍金斯：没问题！

（霍金斯准备第二次航行时，女王与其进行了秘密协商，将自己700吨的海船“卢卑克的耶稣”号折合成4 000镑股份投资于他的船队。1565年9月，霍金斯再次胜利归来。）

英国女王：你这趟出去怎么样？

霍金斯：当然是收入颇丰了，黄金、白银、珍珠和宝石，要什么有什么！

英国女王：那我的那份也少不了吧？

霍金斯：肯定不会少了你的。

英国女王：我授给你一块盾形纹章以资奖励，纹章的图饰是一个被捆绑的黑人。

考考你：谁是罪恶贸易的开创者？

真相大白

作为“三角贸易”的开创者，霍金斯不仅赢得了名声和大量财产，而且成为了英国历史上最早进行奴隶贸易的海盗头子。

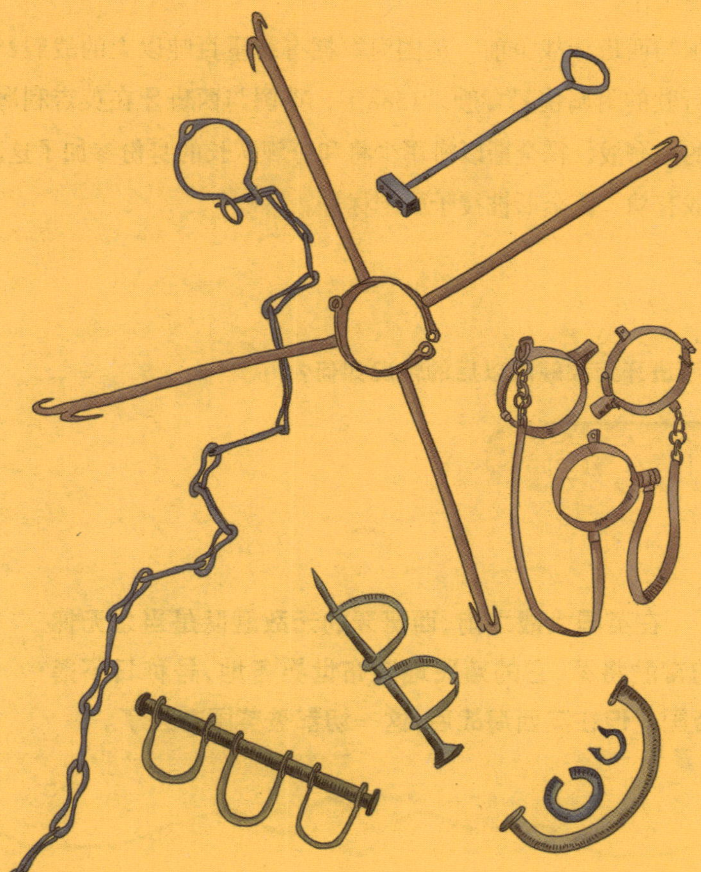

伊丽莎白女王对霍金斯贩卖奴隶的支持不仅使这种贸易合法化，而且也使更多英国商人参与其中。尽管伊丽莎白女王在道义上对霍金斯予以指责，明明知道这种“贸易”不道德、不合法；但当她面临300万英镑的债务危机时，而霍金斯又能从这种“贸易”中为她提供巨大的经济来源时，她不但不拒绝，还从奴隶买卖中直接获利。

英西一战成名

1577年，霍金斯接替岳父担任海军财务官职务，后来又兼任海军给养官。他在担任海军要职期间，推行以炮战为主的新打法，领导海军舰船的改建工作。

英国与西班牙战争前，英国海军拥有载重百吨以上的战舰25艘、可在大洋行驶的附属快船18艘。1588年，英国与西班牙在英吉利海峡进行了著名的大海战，霍金斯以海军少将和分舰队长的身份参加了这次海战。因为作战有功，霍金斯被授予爵士称号。

考考你：西班牙无敌舰队以后的情况如何？

真相大白

在英国大战之前，西班牙的无敌舰队是当之无愧的常胜将军，它的殖民地遍布世界各地，号称日不落帝国。但在英西海战后，这一切都被英国夺去了。

考考你：《海贼王》中的原型是谁？

真相大白

你看过日本动画片《海贼王》吗？那里面有一个霍金斯海贼团，那个令全员穿着连身斗篷的团长的原型就是英国海盗约翰·霍金斯。这位团长的独特能力就是变身成巨大的稻草人。

魂归大海

1595年8月，霍金斯与德雷克一起前往西印度，进行最后一次远征活动。他们于11月12日到达波多黎各岛附近，但在已有准备的西班牙人的反击下屡遭挫折。最终，霍金斯在1596年初死去，他们的这次冒险活动也以失败告终。

海盗亨利·摩根
究竟是一个英雄还是一个残暴者

在英国的海盗史上，有一个很有争议的人物——亨利·摩根。他的身份从杀人越货的海盗变成体面的上等人，从国王的客人变为英国的殖民官员；有人称他是一个英雄，有人则称他是一个残暴者。那么他到底是一个什么样的人呢？

海盗档案

亨利·摩根（1635—1688年）
活动区域：牙买加皇家港口
归宿：牙买加总督
称号：海盗之王

考考你： 海盗的食物有哪些？

真相大白

亨利·摩根手下的海盗曾记载道：他们经常挨饿，有时候只能吃自己的背包。他们把皮革切成薄片，然后浸泡，并用石头摩擦击打，再在火上烘烤，最后切成小块就着大量的水吃下去。

打破砂锅问到底

亨利·摩根到底是英雄还是残暴者呢？或许都是，或许都不是。

亨利·摩根的经历

攻打荷兰

17世纪上半叶，荷兰成为名副其实的海上霸主。1664年，英军竟然攻占了原本属于荷兰的北美殖民地新阿姆斯特丹，荷兰跟英国的战争从此开始了。

1666年6月11日，英国舰队遭到荷兰舰队的堵截，并被打败。1666年8月，英国人找到报仇的机会，以1艘战船、3艘火攻船和300人的代价击沉了20多艘荷兰战船，杀死击伤7 000荷军。1667年7月21日，英荷政府签署了《布雷达条约》。

战争的赢家

这场战争中最大的赢家既不是荷兰也不是英国，而是亨利·摩根。1668年，摩根被推举为海盗头领，俨然成为了一位英雄人物。

攻打西班牙

1669年，摩根的海盗队伍来到了马拉开波城下，攻陷了马拉开波城，在城里劫掠了五个星期。西班牙人再也无法容忍摩根的抢劫行为了，他们的船队在牙买加岛的北部登陆，步步紧逼罗亚尔港。牙买加岛上的富人和政客们纷纷攻

考考你： 你知道西班牙人是怎样对付摩根的吗？

真相大白

在摩根与西班牙人的对决中，西班牙竟然出动了200头野牛——他们想用野牛把摩根一伙人活活踩死，不过他们没有得逞。

击英国驻牙买加总督。托马斯·莫迪福特处事不力，不过要想在短时间内打退西班牙人又谈何容易。

这时，牙买加总督莫迪福特授权摩根攻打西班牙船队。摩根公开打出征兵旗号，征召了两千多名海盗加入队伍。1670年，摩根率领海盗征战船队出发，

他们沿着查格雷斯河往上走，在船只不能通过的河段，冒着被鳄鱼、毒蛇、美洲豹吃掉的危险徒步穿越热带雨林，终于到达了巴拿马城。

摩根的队伍打败了西班牙的骑兵队，结果西班牙人不得不弃城，撤退到船上。这一次摩根又保护了英国的利益。

改过自新

摩根回到英国，1674年他接受了英王查理二世的委派，成为了牙买加的副总督。一上台，他就开始履行自己的承诺——清剿海盗。

一开始摩根对海盗进行劝说，劝说他们不要继续干杀人劫掠的勾当，要遵守法律。不过海盗是不吃这一套的，摩根开始对他们进行讨伐。

摩根对海盗的习性相当熟悉，对海盗的围剿和镇压可谓是处处点到“死穴”，每一次行动都让海盗们走投无路。在摩根的高压政策下，

海盗们要么葬身大海，要么改邪归正，开始从事正经的航运业务。

从此以后，加勒比海的贸易恢复了正常，并且逐渐繁荣起来，罗亚尔港也发展成为一个大型的海上贸易中心。

考考你： 海盗为什么大多是酒鬼？

真相大白

海盗都是酒鬼吗？这是毫无疑问的。航行中的淡水资源有限，而酒的供给要比水充足，所以水手们更喜欢喝瓶装的啤酒、朗姆酒以及格洛格酒。

恶魔亨利·摩根

洗劫波多韦约

巴拿马原本只是一个小渔村，后来发展成为西班牙的中转站。他们从各地巧取豪夺、搜刮金银珠宝运回西班牙本土。西班牙人为了保护货物的安全，在此地修建了几处要塞来保卫巴拿马城。在当地，一年中最热闹的一件大事，就是持续45天的集市。在集市期间，巴拿马的波多韦约就成了巨大的交易市场，西班牙的布料、地毯、金属工具、纸张、酒和武器装备，美洲的可可、金鸡纳霜、绿宝石、骆马毛、铜和毛粪石，还有大块大块的金锭和银锭，都被随意地摆放在帐篷前。这些滚滚财源吸引了海盗们贪婪的目光，其中包括海盗亨利·摩根。

但是波多韦约在海盗看来是一个固若金汤的城市，要想攻下它，谈何容易。不过摩根采用了一个极其恶毒的办法。

他让人将附近寺院的僧侣都赶来，强迫他们往前冲来吸引火力。这些人都死后，海盗们终于攻下了波多韦约。摩根洗劫了所有教堂和民居，命令居民交出他们所有的财物，不服从命令者，一律杀死。

彼得松·霍因为什么能成为荷兰最有名的海盗头子

1620年之后的几十年时间，是荷兰海盗的猖狂活动期。荷兰最有名的海盗头子彼得松·霍因就是在这个时候成为一名出色的航海家的。

打破砂锅问到底

彼得松·霍因为什么会成为荷兰最有名的海盗头子呢？他到底做了些什么事而一举成名呢？

那时候的航线

在连接西欧与美洲领地的航道上，西班牙的运金船常常遭到海盗的袭击和抢劫。于是西班牙从1530年开始派遣海军舰队为商船队护航。然而就算是如此，还有很多西班牙商船被抢劫，因为每一条船的状况和性能都不一样，加上天气和事故等原因常常会有个别的船只离开了船队，这样它就成了海盗们的“美餐”。

考考你：秘密地图是怎么回事？

真相大白

霍因在一次袭击商船时，无意中发现了一幅价值极高的军用地图，图上标明了由美洲向西班牙运送金银财宝船队的秘密航线。在这张地图的帮助下，霍因取得了一次又一次的成功。

一个艰巨的任务

1628年，霍因被任命为荷兰西印度公司船队的总指挥。不要以为霍因当了

一个大官，其实这个公司是荷兰专门用来在美洲进行殖民扩张的组织。为了更好地进行殖民扩张，霍因组建了一支庞大的舰队。该舰队一共有31艘舰船和3 000名水兵，因为其人员航海经验少和军事素质差，整个舰队的战斗能力实际上并不高。不过，霍因接受的任务却极为艰巨——劫夺从美洲驶往欧洲西班牙运金船队。

原来如此

荷兰当局并没有事先给霍因许愿奖励，他得靠自己去寻找猎物。1628年9月，霍因通过精心准备成功抢劫了一支庞大的西班牙运金船队。这可是相当了不起的成绩。当时该船队由4艘大军舰和11艘较小的商船组成，并且每一艘军舰的火力都超过了荷兰舰队火力的总和。而取得胜利正是因为在这次海盗袭击战中，霍因表现出了出色的指挥才能。

考考你：海盗会对他的同伴下手吗？

真相大白

几乎每一个海盗都想偷别人的东西，但是船上的条例却不允许他们这样做。如果有人偷了别人的东西，那么他会被处以严厉的惩罚——割掉他的耳朵或是鼻子，然后把他扔到荒岛上。

霍因成功的原因是什么呢?

答案

(1) 采取了出其不意的游击战术。霍因将自己的舰队隐蔽在古巴岛哈瓦那以东的马坦萨斯附近，因为这里是西班牙运金船队去哈瓦那的必经之地。为此，西班牙人在此建造了安的列斯群岛上最大的城堡，并在城堡中布置防守严密的岸防部队，可守可攻。西班牙人以为这个城堡固若金汤，根本不用担心安全。霍因就是利用了西班牙人的麻痹大意，采取突然袭击的战术，将西班牙人打败的。

(2) 获得了价值极高的秘密军用地图。

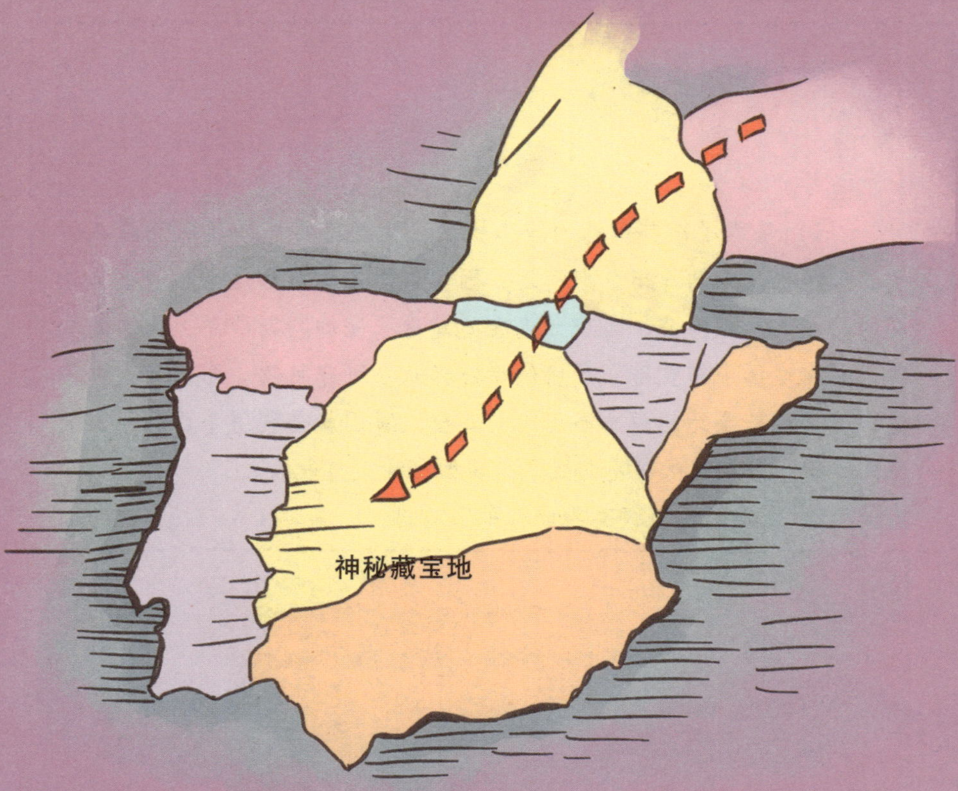

考考你：历史上真的有一个装着木腿的海盗吗？

真相大白

在海盗史上，确实有一个装着木腿的海盗，他就是16 世纪最著名的法国海盗西斯科·拉科勒克，他被称为“木腿海盗”。

苏格兰海盗威廉·汤普森和"利马宝藏"之间有何纠葛

在科科斯岛上，有一批"利马宝藏"。1820年的时候，葡萄牙海盗贝尼托·博尼托被英国皇家舰队拦截并擒获，最后被绞死在帆船的横杆上。而他的手下汤普森和沙佩勒，却奇迹般地逃了出来。科科斯岛上的"利马宝藏"就是汤普森埋藏在那里的。

打破砂锅问到底

什么是"利马宝藏"呢？汤普森又怎么会把它埋藏到科科斯岛上的呢？

并不是闲聊

利马人甲：我听说利马宝藏藏在秘鲁63所教堂中间，里面有大量的圣物盒、金烛台和祭祀用品等。

利马人乙：我也听说了，我还听说其中最具传奇色彩的珍品是利马大教堂的圣母玛利亚怀抱圣婴耶稣像，它由纯金制成，无数的宝石点缀，有真人大小，重量超过一吨。

利马人甲：要是我能得到这批宝藏该多好啊！

利马人乙：你做梦去吧！

利马宝藏储藏地之雷·菲利普城堡

1806年，南美人民开始奋起反抗西班牙统治者。1821年秋，南美解放军逼近利马，利马的总督德·拉·赛尔纳担心城中数目巨大的金银珍宝的安全。于是他集思广益，让大伙讨论，最后决定将财富储藏到一个南美城堡——雷·菲利普城堡里。

建造时间：16世纪

建造者：西班牙

风格：典型的16世纪中叶欧洲城堡建筑风格

建造特色：城堡呈不等边五角形，每边上都建有碉堡，每个碉堡上都有仓库，用于储藏火药。

功能：守卫着整个卡廖港，有一夫当关，万夫莫开之势。

利马宝藏储藏地之科科斯岛

由于南美人民已经入侵到了利马城内，利马的西班牙官员不惜用重金租下了“亲爱的玛丽”号，船长威廉·汤普森保证把宝藏安全地运到巴拿马或者萨尔

瓦多。但是船还没驶出多远，大副突然向毫无防范的西班牙人发起攻击，还大声地喊道：“发财的机会来了，弟兄们，你们还等什么？”等到汤普森船长从船舱里出来时，他只得接受了这个事实。

汤普森必须在最短的时间内将船上的宝藏迅速转移，他命令手下的人用小船分十次将利马宝藏运到了鲜为人知的科科斯岛，藏匿在一个偏僻的山洞中。在离开该岛时，他还费尽心机地画了一张晦涩难懂的藏宝图，想等时机成熟时取回这笔宝藏。

考考你：宝藏的下落如何？

真相大白

19 世纪末，一对来自旧金山的夫妇托马斯和玛丽，也不知道通过什么样的方式弄到了那张藏宝图。他们拿着藏宝图在科科斯岛大肆挖掘，但是最终什么也没有挖到。

一步步被遗失的宝藏

“亲爱的玛丽”号被俘

从科科斯岛返回英国的途中，“亲爱的玛丽”号不小心撞见了西班牙战船

并被俘。汤普森船长和他的大副福布斯虽然被免于处死，但被逼迫去指认利马宝藏的藏匿地点。而他们怎么会轻易将到手的宝藏交给他人呢？他们寻找时机逃走了，从此汤普森便杳无音信。

赠友宝藏图

1844年，汤普森开始在纽芬兰的圣约翰露面。当时他在一条船上干活，过着艰苦的日子。在此期间，他认识了一位名叫约翰·基廷的朋友。汤普森病重时告诉基廷藏宝的秘密，还留给基廷一个水手箱，里面有一张自制的藏宝图和一些笔记。

考考你：笔记里有什么秘密？

真相大白

据笔记中记载着：在岛上的一个海湾里有一条小河流入大海，沙滩后面是高耸的岩壁。当你转身从山坡上向西望时，会看见一条小溪。越过小溪向西走20步，那里有一块石头：有宝藏……十船！

宝藏信息泄露

1846年，约翰·基廷的一个朋友伯格，提供了寻宝所需的大部分资金，然后雇船雇人前往科科斯岛寻宝。两个人很快就找到了利马宝藏，然而就在他们深

考考你：藏宝图的下落如何？

真相大白

后来基廷去世了，在他死前，他把藏宝图一分为二，一半给了他的妻子玛丽·基廷，另一半给了他的一个好朋友。

夜商量如何运宝时，被库特和船员们偷听到了，并威胁他们要把利马宝藏平分，否则就杀死他们。基廷和伯格想方设法逃了出来，后来约翰·基廷一人活了下来。

锦上添花

你看过《金银岛》这部小说吗？这可是伴随美国孩子长大的一部经典探险故事书啊！这个冒险故事的发生地点就是太平洋上的科科斯岛。这里在17世纪时曾经是海盗的休息站，而海盗们也曾经把他们的财宝埋藏于此，其中最著名的就是秘鲁的利马宝藏。

印度洋海盗

基德船长为什么能名扬四海

2000年初，一支由探险家巴里克利福德率领的探险队前往非洲东海岸马达加斯加的圣玛丽岛，他们来到这里的目的是为了寻找传说中的17世纪基德船长的“冒险”号海盗船。当探险队找到“冒险”号的沉船残骸时，整个世界都为之震惊了。

打破砂锅问到底

如果你是一个海盗迷，当你看到这则消息的时候，你一定会首先问：“这是真的吗?”为什么这样说呢？因为基德船长名扬四海，并且他的名气是跟一张破碎的藏宝图联系在一起的。

基德船长的简历

1645年，基德生于苏格兰港口城市格林诺克一个虔诚信仰基督教的家庭。

1665年，基德移民到了美洲，成长为一个常年在海上漂泊，见多识广的优秀水手。

1689年，英国和法国开战，基德应征入伍，当上了英格兰海盗船“布莱斯特·威廉”号的船长。

1691年5月，基德和一个富有的寡妇结婚后，生儿育女，过着平静的生活。

1695年，基德经商途中路过伦敦，偶然认识了贝洛蒙特勋爵，并听从这位勋爵“良好”的建议。不曾想，正是这个建议让基德在四年之后丢了性命。

致命的建议

贝洛蒙特勋爵：基德，你知道吗？现在英国政府正在为印度洋上的海盗发愁呢。虽然东印度公司多次催促英国的皇家海军前去围剿海盗，不过你也知道，现在的英国正在跟法国交战，因此皇家海军根本无暇顾及海盗。我现在有一个特别好的建议，能够让你赚大钱，你听不听？

基德：有这么好的事情？你赶紧说说。

贝洛蒙特勋爵：我可以召集几位英格兰的贵族出资入股经营一艘武装船，然后让你当船长。我们这艘船的任务就是去攻击那些神出鬼没的海盗船，夺回被抢财物。这样，我们既可以帮助政府打击海盗，还可以轻易从海盗那里得来大批的战利品，这么好的事，你说说哪里才有。

基德：真是不错啊，这样既得名又得利，这就出发吧！

冒险的经历

1696年4月，基德建造了一艘38米长的“冒险”号三桅帆船，招募了150名水手。很快他们就出发了，凭着多年的航海经验，他认为自己有这么强有力的靠山，必定马到成功。可是之后的一系列经历却是他没有想到的。

“冒险”号在驶向考默恩及默希拉岛期间，有30名水手得了热带病死去，基德只得又招募了新的水手，谁知道这些水手中有一些曾是海盗，这埋下了隐患。

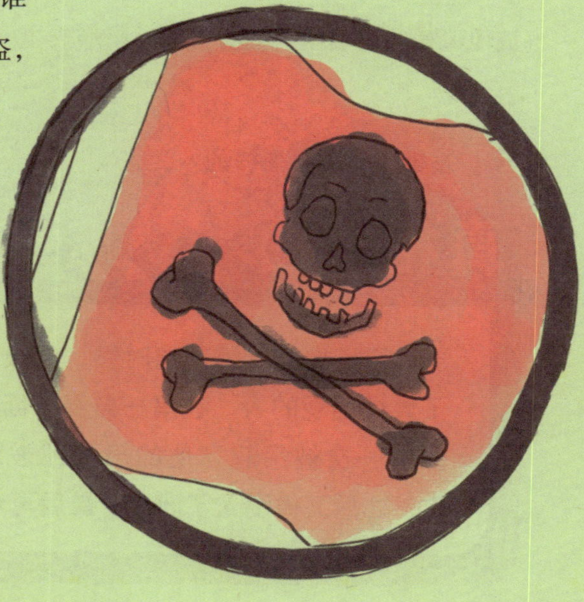

他们在海上漂流了整整9个月的时间，却没有遇到一艘可以劫掠的货船。水手们开始抱怨，那些海盗出身的水手开始鼓动大家去当海盗。

基德被逼无奈只得驶往红海，1697年，基德的船上挂起了一面红色的海盗旗，开始抢劫过往的船只。

基德在一次抢劫行动中，竟然不小心袭击了英国东印度公司的船队，而且跟英国皇家海军开战了。从此，基德被打上了海盗的烙印，并且他和过去一直被他追捕的臭名昭著的海盗头子亨埃夫里一起，成了海盗中的难兄难弟。

考考你：基德的死刑是怎样的？

真相大白

基德被处以绞刑的时候，伦敦的刑场聚集了大批围观的人。在第一条绳子断了之后，基德再一次被吊起。他的尸体还被海浪冲刷三次，之后又被浸入了沥青，最后再示众。

考考你：你知道泰晤士河边曾经挂着的骷髅架子是怎么回事吗？

真相大白

基德的尸体被绑在泰晤士河边的柱子上，海鸥无情地啄他的眼睛，野狗在下面走来走去。此后，泰晤士河边上，人们总会看见那个阴森恐怖的骷髅架子。

在之后的两年多时间里，基德成了马达加斯加和马拉巴海岸线之间的“海上恶魔”。他抢掠了大量的商船，积聚了大量的珍宝。

悲惨的结局

1700年2月16日，基德船长被捕，并被带回了伦敦。最后他以海盗罪和谋杀罪被判绞刑。1701年5月23日，基德被带到了绞刑架前，就在他即将受刑的时候，绞索架上的绳子突然被扯断。基德连喊冤枉，还对法官提出愿意用不计其数的金银财宝来换取生命。不过他的建议被拒绝了，最终还是被处死了。

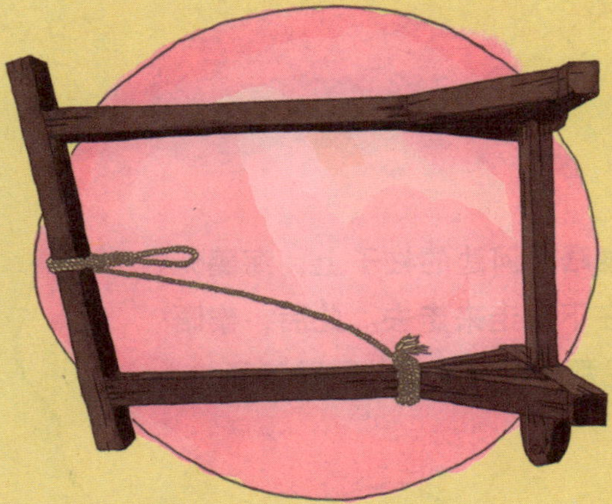

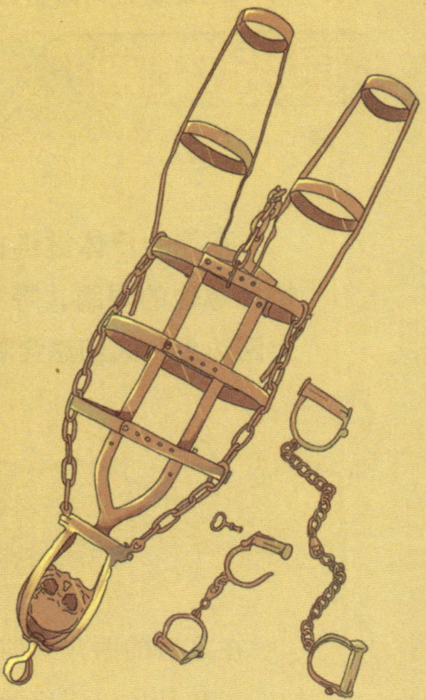

真真假假的宝藏

光阴荏苒，人们对基德船长却念念不忘，而且提起他的人反而越来越多。

这是为什么呢？

这跟他身上的一张破旧的碎纸有关系，有人认为他身上这张碎纸就是传说中的藏宝图。

考考你： 基德的数字有什么含义？

真相大白

人们破解了基德写下的数字，认为纸上的内容是在暗示西经44° 10′，北纬66° 18′。人们按照这个坐标找到了一个叫作“加地纳”的小岛，但寻宝者却没有任何收获。

海盗拉布斯和他的宝藏之间有着怎样的故事

在马达加斯加岛以北有一个叫作塞舌尔群岛的地方。它地处亚非两大洲交通要冲，自古以来就受到探险者和冒险家的青睐。在1716年至1730年的十几年间，塞舌尔岛被法国海盗拉布斯及其他印度洋上的海盗当作路标，这里便成了那些往返于欧洲和印度之间的贸易商人的一块心病。

考考你：何谓爱情果之岛？

真相大白

塞舌尔群岛中有一个普拉兰岛，那是世界上唯一保存海椰林的地方。堪称天下一绝的海椰树可生存千年，雌雄异株，相依而生，经过七八年的漫长时间，才能结出成熟的海椰子，即“爱情果”。

打破砂锅问到底

1731年7月17日下午，法国海盗拉布斯被捕，当他拖着沉重的锁链被带到断头台下的时候，他突然向周围的人群中“哗啦”一下扔出一卷羊皮纸，并且大

声喊道："谁要是能够参透我的羊皮纸，谁就会得到无尽的财宝！"拉布斯的这一句话，使得人们在以后的几百年里一直对他的宝藏念念不忘。那么，拉布斯究竟是何等人物？他和他的海盗之间又有着怎样的故事呢？

天生的海盗

拉布斯成长为一名海盗，可谓是天时地利人和的结果。

天时：17世纪，欧洲各国为了争夺海上霸权，明争暗斗，甚至不惜使用“鼓励海盗袭击他国船只”的卑劣手段。海盗们接受了所谓的皇室的“委任状”，打着“保护”商船的名义，干着打劫非本国商船的勾当。

地利：1690年，拉布斯出生在法国加来一个海盗家族，他的父亲年轻时曾得到法国官方正式批准从事海盗业，加来海峡一带没有人不知道他的。

人和：拉布斯出生后，父亲让他受到了很好的上层社会的教育，但是拉布斯却向往惊心动魄的海盗生活。

一举成名

拉布斯在26岁的时候得到了法国官方批准的“委任状”，批准其在印度洋范围内活动。但是他却不管那么多，很快就跟两个英国海盗勾结在一起，袭击了来往的法国船只。法国政府不得不宣布拉布斯为国家的头号敌人。

葡萄牙新闻报　　　　　　　　1704年3月4日

前些天，我国有一艘商船被法国海盗拉布斯和英国海盗抢劫。该船是一艘拥有72个舱室的三桅帆船，上面装载的宝物都是价值连城的宝贝，其总价值约三百亿旧法郎。我国政府已经宣布要对此采取相应措施，请关注我们的后续报道。

拉布斯都做了些什么？

一份统计：14年间，拉布斯率领的海盗一共劫夺了5吨黄金，600吨白银，再加上不计其数的钻石等各类宝藏。

一份申请：1724年3月25日，拉布斯向伯尔宝岛当局递交了一份书面申请，表示想结束自己的海盗生涯，并请求政府赦免，但是被法国政府拒绝。

一个传说：拉布斯的申请被拒绝后，他生命的最后5年可能来到了塞舌尔岛上，那里有丰富的淡水、丰富的果实和大海龟。从此开始了自己的美好的隐居生活。

考考你：拉布斯抢到最豪华的一艘船是什么样的？

真相大白

那艘拥有72个舱室的三桅帆船上装载着葡萄牙摄政王佩戴的镶有珠宝的宝剑、用红绿宝石和钻石装饰的十字勋章，还有数箱金银珠宝和无数的钻石。

何处是宝藏

就在拉布斯隐藏在塞舌尔岛上的几年时间里，他开始将抢劫来的成吨的黄金和财宝用各种方式匿藏于从塞舌尔群岛到马达加斯加海岛的印度洋海区，那些藏宝人最后都被他用各种手段给灭口了。1730年12月，当拉布斯在一个偶然的场合出现在安东吉尔海湾时，他被捕并被处以极刑，而在这过程中，他留下了那卷奇怪的藏宝图。

考考你：海盗的新鲜食物是什么？

真相大白

对于常年在海上航行的海盗来说，海龟是他们能吃到的为数不多的新鲜肉类。海龟被捉到以后，就可以在船上喂养，直到他们需要的时候再将它们杀掉。

开启东方寻宝之旅的海盗是谁

在很多西方人眼中，古老的东方是那样的神秘。很长一段时间以来，他们都只能够通过诸如《马可·波罗游记》等书的记载来了解这片“堆满黄金和香料”的土地。当时欧洲的海盗不是在大西洋上奋战就是在加勒比海上驰骋，因为路途的遥远和气候的恶劣，还没有哪一个海盗敢长途跋涉到印度洋来抢劫。不过到了1692年，第一个吃螃蟹的人出现了，他就是被称为“海盗中的达·伽马”的托马斯·图。

打破砂锅问到底

托马斯·图是一个什么样的人呢？他为什么会成为第一个开启东方寻宝之旅的海盗呢？

海盗的学校

学校简介：学校成立于17世纪中叶，欧洲各国为了争夺海上霸权，动用了包括“鼓励海盗袭击他国船只”在内的一切手段。虽然各国在表面上都宣布跟海盗势不两立，但是这些政府却网罗海盗为己所用。这些海盗表面上是接受皇室的“委任状”，执行保护商船的任务，而实际上他们经常以“保护”为借口打劫非本国的商船。因此，一个船长或许在英国被捧为英雄，但是在西班牙政府那里，却是被通缉的海盗头目。正是因为这个原因，武装民船在当时也被称为“海盗的学校”。

著名校友：很多著名的海盗船长都是从武装民船里走出来的，托马斯·图也是如此。

意外地发迹

1692年，托马斯·图入股经营了“友谊”号快帆船，并通过贿赂官员的途径得到了一张民船“委任状”，授权他去袭击非洲的一个法国海上贸易站，不过他们的目的却是去东方发财。

考考你：你知道托马斯·图给大家带来了什么改变吗？

真相大白

在巨大利益的刺激下，托马斯成了炙手可热的人物。年轻人纷纷辞掉工作，跑到船上来要求入伙，希望成为“友谊”号上的一员，甚至连上流社会的绅士们也向托马斯·图示好。

“友谊”号扬帆向东直扑印度洋，不过他们在行驶到红海海口的时候就遇到了一艘莫卧儿大帝的宝船。托马斯·图真是太兴奋了，他将一大杯朗姆酒一饮

而尽，高喊了一声：“伙计们，发财的机会来了！”就率先跳上了敌船，60 名手执滑膛枪、挥舞着战刀的水手跟在他的身后。经过一番战斗，他们夺取了这艘商船。

考考你： 你了解莫卧儿王朝吗？

真相大白

当时的印度统治者是莫卧儿王朝，这个王室是成吉思汗的后代。16世纪时，莫卧儿帝国非常强大，而那些西方国家还不是他的对手。直到波斯战争后，莫卧儿帝国才逐渐衰落下去。

当他们砸开宝箱时，都吃惊地睁大了眼睛，呈现在他们面前的是大把大把的珠宝和钻石，整箱的金条比抢劫10艘法国商船所得还要多。从此，托马斯的“友谊”号开始了它那长达40 744千米的疯狂之旅。1694年4月，当“友谊”号回罗德岛时，带回的宝物中光黄金白银一箱就价值10万英镑，船上的见习水手也能分到1 200英镑，托马斯一夜之间成了万众瞩目的人物。

从那以后，到处都在传播“东方有宝藏，托马斯已经成功”的消息。“西方战场”不再是海盗们唯一的选择，更多的海盗开始注意“东方的财富”。

悲惨的结局

对于托马斯来说，他早已经“功成名就”了，但是他却没有满足。1694年11月，托马斯再次雄心勃勃地启锚向东准备带回更多的财富。但是在第二年的9

月，他在红海上与一条印度船战斗时却被乱枪打死了。

考考你：托马斯·图的下场如何？

真相大白

有人说他死得很惨，没有人知道那到底是几月几号，先驱者托马斯·图连自己的忌日都不知道就下地狱去了。跟大多数海盗一样，他从大海中来，最后又回到大海中去了。

海盗埃夫里的“幻想”之旅是什么

在东方的海洋上，很早以前，有一群人为了寻找财宝在此生活过，并且有很多人丧命于此。这些人的名字早已经不为人知了——除了一个叫作亨利·埃夫里的海盗，因为他曾在此开启了一段传奇的“幻想”之旅。

打破砂锅问到底

“幻想”之旅启航

1694年春天，埃夫里在布里斯托尔市的一艘名叫“查尔斯第二”号的船上当水手长，当时这艘船被西班牙政府租用，打算去西班牙加勒比海地区的殖民

地拦截法国走私船。埃夫里和他的几个同伴一开始受雇的时候就是想要劫持“查尔斯第二”号，然后将它开到印度洋上去做一次海盗航行。

考考你： 水手长的哗变是怎么回事？

真相大白

埃夫里趁船长吉布森喝醉酒的时候，动手拿下“查尔斯第二”号。从此“查尔斯第二”号改名为“幻想”号，插上了一个红色带有四个银色山形符号的旗子，成为地道的海盗船。

埃夫里鼓动哗变的演说

各位兄弟，我们现在所在的这艘“查尔斯第二”号是一艘快船，上面有8门大炮，武器装备良好，这样一艘船不做海盗船真是太可惜了。你们知道吗？就凭借我们现在的力量，想要从法国人那里抢来东西希望是不大的，我也了解到了，你们都已经8个月没有发薪水了，你们的老婆孩子都在等着你们养活呢。如果你们跟着我干，一起去做海盗，我敢保证不出一个月就能够让你们吃香的喝辣的。

“幻想”号名声大噪

“幻想”号绕过好望角并驶向马达加斯加，直奔东方的海域。在这之后两年的时间里，“幻想”号见到货船就追击、抢劫、掠夺、蹂躏，这使得它在好望角及孟加拉湾一带名声大震。

“幻想”号后来绕过好望角，来到了约翰纳岛。在这里，他们将船体整个拆卸加固了一下，让船只变得更轻了一些，这样他们就可以很容易地甩开任何追赶的船只。

1644年，正在“幻想”号为没能追上莫卧儿王朝的财宝运输队而懊悔不已的时候，他们突然发现了当时莫卧儿王朝最大的船——冈依沙瓦出现在他们的视

考考你：埃夫里的下场如何？

真相大白

埃夫里驾着他的单桅船在爱尔兰多尼戈尔郡的伦敦德里西北三十英里的邓发纳吉靠岸之后，就独自一人离开了他的同伴，从此销声匿迹了，他的去向已经成为了一个永远的谜。

野中。虽然冈依沙瓦是“幻想”号的4倍大，但看到那船上的财宝时，埃夫里还是毅然决然地指挥着小小的“幻想”号冲了上去，结果“幻想”号发出的炮弹准确地击毁了冈依沙瓦的主桅，海盗们登船一通抢劫。这一举动马上激怒了英国政府，亨利·埃夫里也成了大英帝国的头号通缉对象。

锦上添花

埃夫里的“爱国主义”

在约翰纳岛，埃夫里写了一封公开信，托当地的土著首领交给第一个来到这里的英国船。

致全体英国船长：

谨此告慰诸位：此时此刻，我正驾驶着“幻想”号战舰寻找财富。至今我还没有得罪过任何英国船只或荷兰船只。我今后也不打算与你们为敌，请你们按照下列记号，把你们的字号，也就是船旗扎成球或捆，把它挂在后桅的桅顶上，我见此就再也不会来干扰你们，可是如果我的人饿极了，坚决要干，超越了我的心愿，我也就无能为力了。我仍然是英国人的朋友。

亨利·埃夫里

1695 年2月18日于约翰纳

“幻想”号的暮歌

遭到通缉的埃夫里和他的水手无奈地回到巴哈马群岛后，就散伙了。“幻想”号被大风刮到岸上，船只完全毁坏，只有几门大炮还是完好的。

考考你： 埃夫里是个不会理财的人吗？

真相大白

虽然埃夫里从阿拉伯船只上劫获了大量宝石，但是，显然他不是一个好的理财者，在他死的时候，身无分文，甚至连棺材钱也没有。

北欧海盗

卡塔琳娜是怎样成为一名传奇女海盗的

其实历史上最盛产海盗的国家就是英国，这跟当时英国的“海盗政策”有很大关系。但是这并不表示别的国家就没有出名的海盗，并且在海盗史上还有许多巾帼英雄，最有名的就是被称为西班牙海盗女王的唐·埃斯坦巴·卡塔琳娜。

打破砂锅问到底

为什么一位美丽的少女竟然成为了一个知名的海盗呢？是什么样的经历让她走上海盗这条道路的呢？其实，她的海盗之路也不是一天炼成的，不信我们就来看看。

卡塔琳娜的“转职路线”

卡塔琳娜的自白

我叫卡塔琳娜，出生于8世纪中叶的西班牙，我的父亲是巴塞罗那的船王。父亲从小就送我上了贵族学校，对我要求很严格，希望我能够受到正统的贵族教育，然后有一番作为。

虽然我接受的是贵族教育，但我是一个天生活泼好动的女孩，我特别讨厌上学，对舞刀弄棒却非常感兴趣。在我还很小的时候，就开始跟哥哥在一起骑马、划船。在哥哥的影响下，我竟走上了一条本属于男孩子的“转职路线”。

我17岁时就已经精通十八般武艺，成为了一个武艺高超的“女强人”。

卡塔琳娜加入海盗团伙

卡塔琳娜的所作所为让她的父亲非常生气。在她18岁的时候，父亲就将她送进了修道院，希望她能够有所收敛。但卡塔琳娜实在是无法忍受这种半囚禁式的生活，她将自己的红色长发剪掉，开始了女扮男装的流浪生涯。

卡塔琳娜在流浪期间做过很多事情，在酒吧里当伙计，也当过水手。一年之后，她加入了陆军，但机缘巧合之下，她竟意外杀死了自己的直属长官。因此，走投无路的她就只能加入海盗团伙了。

考考你：海盗是如何对付船上的老鼠的？

真相大白

鼠害是海盗要经常面临的一个棘手问题。为此，海盗们不得不经常捕杀老鼠以控制老鼠的数量。据说，在一艘西班牙帆船上，人们捕杀过的老鼠竟然超过了 4 000 只。

看完才知道

你知道吗？在卡塔琳娜杀死上校后，又跟上校的副官剑对剑地打了起来。由于当时天太黑，谁也看不清对方的面孔，不过双方都明白对方是高手，于是都用尽全力来厮杀，卡塔琳娜夺取了最终的胜利。不过当卡塔琳娜发现自己杀死的竟然是参军多年的哥哥时，她陷入了深深的自责和悔恨之中。

考考你：你知道西班牙人民为什么要帮卡塔琳娜求情吗？

真相大白

在卡塔琳娜担任船长期间，她从不抢劫过往的西班牙船只，并且还会主动对落难的西班牙船只伸出援助之手，这种深深的爱国之情是人们帮助她求情的主要原因之一。

卡塔琳娜加入海盗团伙

性格豪爽的卡塔琳娜很快和海盗们打成了一片，海盗们对她娴熟的航海技术和高超的武艺非常敬佩，卡塔琳娜也很欣赏海盗们的诚恳与直率。在一次战斗中，船长战死了，卡塔琳娜被推选为新任船长。就这样，卡塔琳娜开始了长达十年的征战杀伐，她带领的海盗队伍打遍了南大西洋，抢劫了大批船队。

传奇的结局

后来，英国政府向西班牙政府施加压力，要他们帮助消灭卡塔琳娜。十年后，卡塔琳娜队伍被西班牙舰队击溃，这位“西班牙火女郎”也被带回到马德里受审。一审判处她死刑，但国民一致认为她是无罪的，就连国王菲利普三世都站出来为她说话了。最终，她无罪释放，并获得了国王的封赏，平静地度过了余生。

考考你： 你知道卡塔琳娜被人们称为“西班牙火女郎”的原因吗？

真相大白

卡塔琳娜长着一头漂亮的红发，每次抢劫时火红的头发飘荡在刀光剑影之中，异常醒目。同时，这位女海盗的抢劫行动如同一团火焰燃烧在整个大西洋上，因此得名“火女郎”。

娜·德·贝利维为什么被称为“英吉利海峡凶残的母狮”

你知道谁是世界上第一个女海盗吗？答案是娜·德·贝利维。在法国，一提起她，几乎无人不知，无人不晓。

打破砂锅问到底

法国人给了娜·德·贝利维这样一个绰号：英吉利海峡凶残的母狮。为什么她会获得这样一个绰号？这个绰号跟她的海盗生涯又有什么关系呢？

不爱红妆爱武装

贝利维曾经是一个真正的贵族小姐，她出身于名门望族，从小接受的是真正的贵族传统教育。可奇怪的是，她对那些贵族小姐的游戏并不感兴趣，反而喜欢舞刀弄枪。在她眼中，白马王子并不是那些温文尔雅的文人墨客，反而是那些威风凛凛、风度翩翩的骑士更有吸引力。她最喜爱的活动就是在英吉利海峡上乘风破浪，有时兴致一来，她也会拿起刀枪，舞弄一番。

卷入政治浪潮

1335年，英法两国在政治上争斗不断。这时的贝利维已经嫁给了布列塔尼的贵族青年克里松。克里松很想在政治上有一番作为，并且认为自己正赶上了好时候，但参与政治斗争是有风险的，他自己一时也下不定决心，反而是贝利维帮助丈夫坚定了信念。

当时，波恩契弗尔和莫恩佛尔姐弟俩都想承袭布列塔尼公爵的封号。为了在这场争斗中获取利益，克里松公开支持莫恩佛尔。与此同时，英法两国的权力斗争也达到高潮。为了清除亲英的莫恩佛尔的党羽，法王下令将克里松等人抓进了监狱。

贝利维虽然十分担心，但是她没有消极等待，而是想尽办法营救丈夫。可结果却让她绝望：法王在最短的时间内处死了她的丈夫。

英王没有忘记曾经支持过英国的克里松的夫人，闻讯后，她便将满怀仇恨的贝利维接到了英国。

卷入政治浪潮

英王接见了贝利维，并对她不幸的遭遇表示同情，还答应满足她的一切要求。

闻言，贝利维抬起了头，她满怀着对法王的仇恨对英王表达了自己的愿望：希望得到一支舰队，在英吉利海峡上扬帆疾驶，痛击法国的商船和战舰，让法国人为自己的行为付出代价。英王听到贝利维的愿望暗暗心惊，她十分欣赏贝利维，便满足了她的要求。就这样，贝利维成了一名职业海盗。

考考你： 你知道贝利维对英女王说了什么？

真相大白

“陛下，我在英吉利海峡长大，我听惯了海涛的吼声。在我丈夫不幸去世后，我唯一的愿望就是出海打击法国的商船和战舰，惩罚那些人。请给我一支舰队吧！我将使我的敌人鬼哭狼嚎。”

考考你：贝利维是如何打击敌船的？

真相大白

在钩住法国商船之后，贝利维总会冲在最前面，战斗中的她喜欢围着一条鲜艳的头巾，在一顿乱砍之后，鲜血洒遍全身也绝不后退。这种情景令法国人心惊胆战。

英吉利海峡凶残的母狮

英吉利海峡上突然出现了一个针对法国船只的海盗舰队，那便是贝利维的海盗舰队。只要见到法国商船，她都绝不放过。

考考你：贝利维的行为给法国造成了怎样的影响？

真相大白

不仅是商船，法国的皇家战舰也是贝利维的猎物。贝利维的海盗舰队给法国的商业活动带来了无法估算的损失，法国商人一提到女海盗贝利维，都吓得不行。

时间一长，外人就给贝利维起了一个“英吉利海峡凶残的母狮”的绰号。

船长克劳斯·施托尔特贝克尔的海盗生涯中有何传奇

随着汉萨同盟的解体，在巨额财富的诱惑之下，很多同盟成员与海盗相互串通勾结起来。波罗的海的海盗与同盟之间展开了新一轮的较量。在这场较量中，波罗的海势力最大、最凶悍也最臭名昭著的大海盗当属克劳斯·施托尔特贝克尔。

打破砂锅问到底

我们来看看克劳斯·施托尔特贝克尔有着怎样的传奇故事。

不同人眼中的克劳斯·施托尔特贝克尔

“可怕的海狼”：

他常年在北海和波罗的海一带指挥着由五十多艘船只组成的强大的海盗舰队进行劫掠。

“海上的罗宾汉”：

他劫掠富人，然后把劫夺的财富赠送给穷人。

一个人成名

1389年，极具野心的丹麦女王玛格丽特，派兵入侵瑞典。丹麦人很快就对瑞典形成了包围圈。在这个生死关头，克劳斯·施托尔特贝克尔率领的海盗船队犹如天兵天将突然降临，他采取的突袭战术大败丹麦舰队。克劳斯·施托尔特贝克尔也因此获得了瑞典王室的表彰，王室颁发给他一张特别的“海盗证书”。

考考你：海盗证书都写了什么？

真相大白

兹因支援包围斯德哥尔摩的战斗有功，今特授予克劳斯·施托尔特贝克尔“海盗证书”。凭借此证书，你今后从事的海盗活动不受法律的惩罚，即刻生效。

瑞典王室颁布

一个组织建立

1392年，克劳斯·施托尔特贝克尔领导海盗们夺取了波罗的海中的哥得兰岛，并将那里作为海盗团伙大本营。他们在这里聚集起各色各样的“人物”：被通缉的逃犯、在社会底层挣扎的穷人、寻求社会公正的侠客、想发点小财的商人、探险者、猎奇者和复仇者等等。他们怀着各种不同的目的来到这个岛上，开始在这里形成一个独特的海盗组织。

海盗守则

克劳斯·施托尔特贝克尔的权力列表：

海盗内部除了俘虏之外，团伙中不能有一个妇女，是个纯粹的男性社会。

船员必须无条件地服从船长的命令，严重违背者要处以死刑。

海盗抢来的东西必须统一由船长进行分配，并且不能在劫掠地就地分赃。

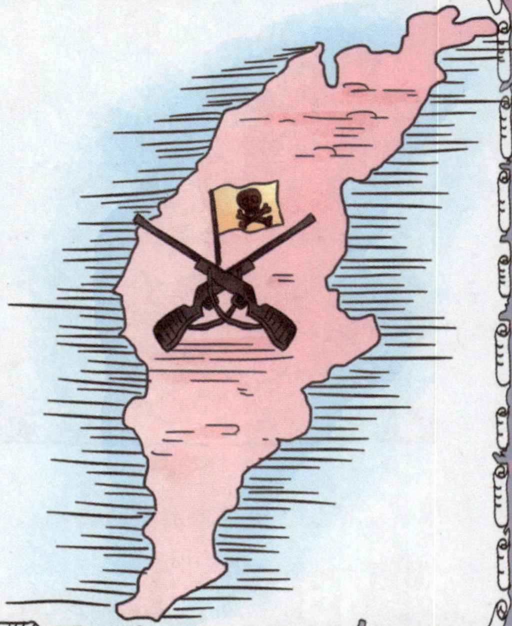

海盗的嚣张气焰

克劳斯·施托尔特贝克尔的势力越来越大，特别是在“合法证书”的保护下，地方当局对他也无可奈何。这些海盗大肆抢劫，使得当局终于忍无可忍，便颁布了一个法律：任何人都可以杀死他。当局还请来了老练的缉捕官员，但是他们不仅没有抓住克劳斯·施托尔特贝克尔，甚至连他的人影也没有见到。

考考你：你听说过克劳斯的宝藏吗？

真相大白

在克劳斯被杀头之前，为了活命，他曾经向议员许诺：他将拿出一个美丽的金锚链及无数的金币，再向汉堡捐赠一个金制的教堂钟楼楼顶。不过他被拒绝了，而他的宝藏至今仍下落不明。

败走波罗的海

看见很多人拿克劳斯·施托尔特贝克尔无可奈何，丹麦女王玛格丽特便向十字军骑士团求援。1398年，十字军骑士团开始向哥得兰岛发起攻击，在十字军的猛烈攻击之下，海盗们很快就坚持不住了。克劳斯·施托尔特贝克尔带着海盗们从波罗的海撤离，转而占领了黑尔戈兰岛，作为新的基地。1401年夏天，克劳斯·施托尔特贝克尔的船队遇到了一艘英格兰旗舰。结果，海盗不是被打死就是被送进监狱，最后连施托尔特贝克尔也被捕入狱并被处以了极刑。

考考你：海盗的行为法则是什么？

真相大白

海盗总是留给人残酷、凶狠的形象。这是因为他们知道如果生命受到威胁的话，抢劫的对象就很容易屈服投降。因此，很多海盗都是以手段残忍而闻名于世的。

阿拉伯海盗

阿拉伯海盗蒂皮·蒂普与100桶黄金之间有怎样的传说

在印度洋西南部有一个叫作蒙巴萨的地方，在蒙巴萨以北105千米处，有一个叫作盖地的古城遗址。在过去的100年中，曾有阿拉伯人、葡萄牙人、荷兰人和英国人等许多国家的寻宝队来到盖地城邦。他们来这里的目的就是要寻找那传说中的100桶“海盗黄金”。

打破砂锅问到底

盖地古城里真的有100桶黄金吗？如果有的话，这些黄金是谁留下来的呢？

这些黄金最后被人找到了吗？我相信你跟我一样好奇，那就接着看吧。

神秘的传说

当年，在阿拉伯和东非之间的航道上，蒂皮·蒂普是一个著名的大海盗，他也是当地最有钱有势的人。不过他的财富都是通过抢劫得来的，多次抢掠为他自己积累了巨额财富，并且在桑给巴尔岛建造了金碧辉煌的城堡。

血泪的海上之路

桑给巴尔岛是一个什么样的岛呢？它是印度洋中的一个珊瑚岛，该岛早在公元1世纪末时就与阿拉伯和东非沿岸等地建立了贸易往来。当时，在阿拉伯哈里发管区、东非海岸和桑给巴尔岛以及马达加斯加岛之间有一条传统商路，通过它运送的货物除象牙、香料和丝绸以外，还有成千上万的来自非洲的奴隶。这样，阿拉伯和东非之间的航道便以“血泪的海上之路”而日渐闻名。这样一条发财路，海盗们当然是不会错过的。蒂皮·蒂普就曾率领海盗船队多次袭击这条航道上的商船，他们每次都能顺利得手，满载而归。

考考你：海盗可以吸烟吗？

真相大白

对于在海上航行的烟鬼海盗来说，能够用一支平直的烟管吸一桶烟，绝对是一种无与伦比的享受。然而木质的船很容易着火，所以，他们在海上时，只能靠咀嚼烟草来解烟瘾。

是传说，还是事实

1870年，蒂皮·蒂普得到了一个消息，说是有一支由12艘船组成的阿拉伯船队，上面装满了香料、布匹，还有100桶金币，途经印度洋向桑给巴尔驶来。蒂皮·蒂普就带领海盗船队监视着他们，准备找机会下手，但是商船队因为遇到暴风雨偏离了航线，船员把那

100 桶金币通过一条隐蔽的大河支流运到了盖地城邦，而这一切都被蒂皮·蒂普看在眼里。

考考你： 每个海盗船上都有一只鹦鹉吗？

真相大白

不是每个著名的海盗都把鹦鹉当成自己的宠物。但在海盗猖獗的年代，社会上确实很流行饲养鹦鹉。而有些水手也很喜欢这种聪明的鸟，它们甚至能帮海盗计算每个人应该分多少钱。

这些人几经周折把金币藏好之后，相互约定不久以后再来把这批宝藏平分，不过此时，蒂皮·蒂普率领的队伍来到了他们跟前，那几个人还没来得及反抗，

就稀里糊涂地全被处死了。蒂皮·蒂普这个时候才发现自己根本不知道宝藏藏到哪里了，他反复寻找了很多次，都没有找到，蒂皮·蒂普后悔得捶胸顿足，恨自己为什么不留下一个活口。

宝藏何处去

盖地古城和埋藏在那里的金币后来究竟怎样了，今天它们还存在吗？我们已不得而知。

考考你： 海盗都戴着大耳环吗？

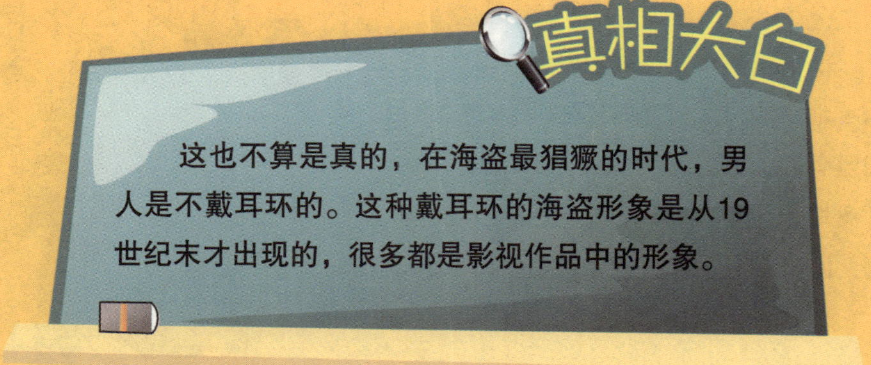

真相大白

这也不算是真的，在海盗最猖獗的时代，男人是不戴耳环的。这种戴耳环的海盗形象是从19世纪末才出现的，很多都是影视作品中的形象。

谁开创了土耳其海盗的黄金时代

巴伯路斯一世开创了一个海盗王国，也谱写了一个全新的土耳其海盗史，而巴伯路斯二世很好地秉承了这一创世伟业，进而开创了土耳其海盗的黄金时代……

正确的选择是成功的一半

巴伯路斯死后，他的弟弟海尔·丁继承了他的舰队，并依靠一些实力强大的同盟者壮大自己的势力。1518年他投靠了奥斯曼土耳其帝国，做了土耳其的藩属，同时正式宣称自己为巴伯路斯二世。

巴伯路斯二世

巴伯路斯二世将自己的海盗舰队派往地中海的各个角落，寻找一切机会袭击西班牙商船和岛上的居民。海盗所过之处是一片恐怖，巴伯路斯二世因此被人称为“地狱之魔鬼”。

想要有个家

巴伯路斯二世最需要的还是一个永久性的、牢固的陆地基地，一个“家”，于是，他想到了卡斯巴哈。但是以唐·马丁·瓦尔加斯为首的守卫者，成功地打退了海盗们的一百多次进攻。1529年，经过6个昼夜的炮击之后，海盗们终于摧毁了西班牙人的防御工事，占领了岛上的要塞，结束了西班牙在阿尔及尔周围岛屿的占领，海盗们将阿尔及尔这个海港变成了海盗舰队的主要停靠地。

锦上添花

巴伯路斯二世之前被西班牙人打得十分狼狈，这次他终于将西班牙人打败了，他将自己对西班牙人的全部仇恨都发泄到了不幸被俘的要塞司令身上。你知道唐·马丁·瓦尔加斯司令的下场吗？他被拖到集市的广场上，脱光了上衣，绑在柱子上，然后被活活打死。

考考你：海盗有餐桌礼仪吗？

真相大白

对于海盗来说，吃饭的时候讲究繁琐的礼仪简直是不可想象的一件事。虽然他们也带着全套的刀叉上船，但他们通常只用刀子和勺子进食，或者直接用手抓着吃。

借花献佛

1534年，巴伯路斯二世占领了北非的突尼斯港口，但是，1535年，西班牙的安德里亚·多利亚夺回了突尼斯。巴伯路斯二世将所有的气愤发到了米诺卡

城，命令海盗肆无忌惮地蹂躏这座城池，抓走了6 000名俘虏，将他们献给了土耳其苏丹苏里曼一世。作为奖赏，苏里曼封巴伯路斯二世为非洲大诸侯，巴伯路斯二世的权势达到了顶峰。

考考你：海盗为什么常患败血病？

真相大白

在常年的水上航行中，海盗们常常因为吃不到新鲜的水果而患上败血病，因此他们的体内缺乏维生素C。不过，后来人们终于发现吃新鲜的水果和蔬菜就能预防败血病。

请神容易送神难

为了孤立奥地利，土耳其跟法国达成协议，共同对付奥地利。

巴伯路斯二世奉命率领土耳其舰队驶往法国，以对法国表示支持，巴伯路斯二世受到了法国人隆重的欢迎，不过他却放任自己的手下一天到晚对法国南部的村庄城镇进行大肆烧杀掳掠。

窝囊的法国人

面对海盗的暴行，法国人无法容忍这样的盟友了，但他们又无可奈何，国王还得承担巴伯路斯二世舰队的全部费用。

锦上添花

巴伯路斯二世在奥地利雷焦港抓获的俘虏当中，无意中发现了一位18岁的女孩儿长得美若天仙，他一下子就被她给迷住了。当即让人将这位女孩带到了自己的船上，向其展示了自己的富有：金银珠宝、钻石项链等，并向她求婚。这位女孩竟然被这位无恶不作的海盗给感动了，最后答应了他的求婚。

屡败屡战

1538年，安德里亚·多利亚集结了强大的舰队，想要给海盗以致命的打击。9月25日，这两支舰队在雷维扎海湾相遇了，当时的风向有利于土耳其舰队，他们发动攻击，结果联军舰队被打败。

1541 年10月19日，联军再次集结，在安德里亚·多利亚的带领下封锁了阿尔及尔港口，不过最后还是海盗取得了胜利。

双方实力对比

巴伯路斯二世：整个土耳其舰队，实力比联军多1倍。

联军：整个欧洲天主教国家的联军，一共有舰船一百多艘，其中威尼斯80艘、教皇36艘、西班牙30艘，大炮2 500门，兵力6万人。

完美谢幕

晚年的巴伯路斯二世几乎什么都有了，荣誉、地位及财富，等等，所以他也不想继续冒险了，只想好好地安度晚年。1564年7月4日，这位名扬一时的海盗之王走完了自己的一生。

考考你： 什么是“咯咯水果”？

真相大白

到17世纪以后，海盗们开始在船上装载一些能够提供新鲜蛋和肉的母鸡。这种能提供鸡蛋的母鸡被海盗们称为“咯咯水果”，这是因为母鸡生蛋后会发出“咯咯”的声音。

图书在版编目（C I P）数据

寻觅纵横四海的海盗足迹 / 崔钟雷主编. -- 北京：知识出版社，2014.8

（超级疯狂阅读系列）

ISBN 978-7-5015-8163-4

Ⅰ. ①寻… Ⅱ. ①崔… Ⅲ. ①海盗 -历史 - 世界 - 少儿读物 Ⅳ. ①D59-49

中国版本图书馆 CIP 数据核字(2014)第 181152 号

超级疯狂阅读系列——寻觅纵横四海的海盗足迹

出 版 人 姜钦云
责任编辑 易晓燕
装帧设计 稻草人工作室
出版发行 知识出版社
地　　址 北京市西城区阜成门北大街 17 号
邮　　编 100037
电　　话 010-88390659

印　　刷 北京一鑫印务有限责任公司
开　　本 700mm × 1000mm 1/16
印　　张 8
字　　数 80 千字
版　　次 2014 年 8 月第 1 版
印　　次 2020 年 2 月第 4 次印刷
书　　号 ISBN 978-7-5015-8163-4
定　　价 28.00 元